Recopilaciones Masónicas Palabras y Conceptos en Lengua Castellana.-
Términos y Abreviaturas.-

José E. Martínez Vargas
01/12/2024 2da Edición

JEM- Diciembre 6.024 V:.L:.

<u>Dedicatoria</u>

AL∴G∴D∴G∴A∴D∴U∴

A mis queridos hijos Lorenzo Enrique e Isabel Cristina, motores de mi vida.
A mis Padres que siempre me han apoyado en mis aventuras.
A mis Hermanas, aunque no se den cuentan, ellas están aquí en mi corazón.
A mi abuelo, quien me enseño el valor de la Masonería.
A Nancy por su apoyo.
A quien una vez me dijo que la Masonería era un juego de niños grandes.
A mis Queridos Hermanos todos.

Recopilaciones Masónicas Palabras y Conceptos en Lengua Castellana Términos y Abreviaturas.-

Por: José E. Martínez V. M∴M∴.
Logia Símbolo Nº 113 Or∴. de Caracas
Logia Giordano Bruno Nº142 Or∴. de Caracas
Capitulo Perfecta Lealtad Nº 9 Or∴. de Caracas
IL∴C∴K∴. CARACAS N° 1.
Fort King Daylight Lodge No.389 Or∴. Ocala Fla. USA

Nota del autor

Esta es la 2da Edición de esta recopilación que consta de dos partes actualiza-
das y editadas, la primera se basa en los términos y definiciones encontrados
en lecturas y documentos masónicos y la segunda se centra en abreviaturas
encontradas, que en lo personal me sirvieron para mi estudio y avance dentro
de la ord∴. .

Sin embargo la misma sé que también puede serle de utilidad y enseñanza a
mis QQ∴HH∴. , por lo cual la quise compartir inicialmente con los aprendices
dentro de mi Log∴. Madre (Resp∴. Log∴. Símbolo Nº 113) y luego con los
QQHH∴. de la Ord∴. a los que bien le hiciere.

No pretendo con ella demostrar conocimiento de cada uno de estos conceptos
o abreviaturas, sino que la misma nos sirva a todos de referencia una vez lle-
guen a nuestras manos los términos utilizados en cada grad∴.. El dominio de
estos términos y abr∴. nos dará luces dentro de nuestra institución.

Seguramente encontraran algunos términos que se han escapado y aquí no
aparecen por lo que pedido disculpa y los invito a que cuando ello ocurra, los
incluyan dentro de su personal y particular lista.

Recomiendo no apresurar la enseñanza de cada grad∴. y que la acumulación
de experiencia sea el complemento para convertir en acción; lo escrito, leído y
practicado.

José E. Martínez V. M∴.M∴.

A

A

1. ABATIR COLUMNAS

Suspender los trabajos activos, cerrar o disolver temporal o definitivamente una Logia. Para acordar el abatimiento de columnas, es necesario se convoque a una Tenida magna, especial y únicamente para este objeto, mediante una plancha o boletín pasado a todos los obreros miembros activos del Cuadro, con tres días de anticipación, cuando menos. Cualquiera que sea el resultado de la votación, el abatimiento, suspensión o disolución de la Logia, nunca podrá llevarse a efecto, cuando siete hermanos, de los cuales cinco por lo menos posean el grado de Maestro o Superior, se propongan continuar los trabajos, y constituir Logia justa y perfecta.

2. ABRAZO FRATERNAL

Es una muestra de buen acogimiento, de paz y afecto que recíprocamente se dan los Masones en los diferentes Grados. La última ceremonia de la Iniciación, y consiste en abrazar el Venerable tres veces al Recipiendario, dándole el título de Hermano. Ninguna mala pasión o resentimiento entre dos Hermanos resiste el abrazo fraternal que se dan entre Columnas y en presencia del Taller.

3. ABREVIATURA

La abreviatura consiste en poner la letra inicial de la palabra seguida de tres puntos, en forma de triángulo con el vértice en la parte superior y la base en el inferior, en esta disposición.'. Esta manera de abreviar se llama abreviatura tripuntuada y su origen en la Masonería data de mediados del siglo último.

4. ABRIR LOS TRABAJOS

Es el acto de dar principio a las tareas de los Francmasones reunidos en sus Talleres. No puede verificarse sin estar presentes el número prescrito y sin estar ocupados los puestos de las Luces y Oficiales que marcan los Estatutos y sin que se observe el ritual de cada Grado por las personas que la ley designa para ello.

5. ACACIA

Símbolo Masónico de la inmortalidad del alma, debido a su verdor renovado y persistente en medio de las arenas desérticas.

6. ACEPTACIÓN DEL MALLETE

El acto de ocupar la presidencia de una Logia el visitante a quien el Presidente natural se la ofrece por el respeto y deferencia a su Grado o Dignidad. En este acto los Hermanos poco instruidos o poco alentados por el espíritu de modestia y humildad a que están obligados, cometen algunas veces la falta de delicadeza de aceptar siempre dicha presidencia y de quedarse en ella abusando de una prerrogativa cuyo principal mérito consiste en no hacer uso de ella.

7. ACTA

Es la reseña que se escribe de las sesiones o Tenidas de los Talleres. Llámese frecuentemente plancha de los trabajos. Hay algunos Hermanos que al acta, en lugar de plancha de los trabajos, la denominan balaustre de los trabajos; pero este nombre no está justificado en ley ni símbolo alguno de la Orden, por lo cual debe desterrarse por inútil y confuso.

8. ACTIVIDAD

Es el estado de un Masón o de una Logia que cumple con sus deberes sin interrupción, y que trabaja continuamente y en una forma regular.

9. A.L.

Anno Lucis. Año de la Luz. En algunos casos A.D.V.L. Año de la verdadera Luz. Es utilizado en los ritos Simbólico, Escocés y de Misraim.

10. A PLOMO

Usase la expresión Estar a plomo para indicar en Masonería que una cosa está muy en su lugar, o en su verdadero sitio; además, para pedir que un Obrero se halla al corriente con sus obligaciones para con la caja de la Logia.

11. AEROPAGO

Taller del Grado 30.

12. AFILIACIÓN

Adhesión de un Masón a una Logia distinta de aquélla en la que ha sido Iniciado.

13. AGAPE

Banquete fraternal desprovisto de todo ritual, organizado tras la Tenida de la Logia.

14. APRENDIZ

Denominación del primer Grado de la Masonería, admitido en todos los Ritos. Según las antiguas reglas Masónicas, los Aprendices deben descender de padres honrados, para que cuando hayan adquirido los conocimientos necesarios puedan recibir el honor de dirigir convenientemente a sus Hermanos. El Grado Masónico de Aprendiz equivale al aspirante de Tebas y de Eleusis, al soldado de Mitras, al catecúmeno cristiano.

15. ARTE REAL

Nombre dado a la Masonería considerada como una ascesis y un ideal de vida.

16. ATRIBUTO

El delantal, cordón y demás emblemas que cambian según el Grado o la función ejercida en la Logia o en la Obediencia.

17. AUMENTO DE SALARIO

Es el ascenso de Grado que reciben los Hermanos por antigüedad, servicios o talentos.

18. ARAS

Mesa situada delante del Venerable, sobre la que están situadas las tres Grandes Luces, es decir, el Volumen de la Santa Ley, la Escuadra y el Compás. Ante el Altar, los nuevos Iniciados prestan su juramento.

JEM- Diciembre 6.024 V∴L∴

19. ARREOS

Decoraciones que utiliza un masón durante una tenida. Varía dependiendo del grado y del rito practicado.

B

B

20. BALOTAJE
Forma de expresar los Masones sus votos por medio de bolas o papeletas en escrutinio secreto.

21. BANQUETE BLANCO
Banquete Masónico al que son admitidos los profanos.

22. BANQUETE RITUAL
Banquete organizado en cada Logia según ritual establecido para cada solsticio, verano e invierno.

23. BARRICA
Término que en el banquete Masónico designa a la botella.

24. BATERIA
Rito Masónico que consiste en golpear con las manos según un ritmo que difiere con cada Grado. Este rito desconocido en las Logias anglosajonas es sobre todo practicado en el Rito Escocés Antiguo y Aceptado y en el Rito Escocés Rectificado. Manifestación en los trabajos de los Talleres Masónicos: se hace con las palmas de las manos para expresar júbilo o dolor, según las circunstancias.

25. BAUTISMO
Ceremonia Masónica en conmemoración de las antiguas Iniciaciones y que simboliza el acto de la purificación por medio del agua. Nombre que impropiamente se da al acto de adoptar una Logia a un niño, cuya ceremonia se llama en buen lenguaje de la Orden, ADOPCIÓN.

26. BOLAS
Sirven en el escrutinio para expresar los votos. Las blancas son afirmativas y las negras negativas.

27. BOVEDA
Parte de la arquitectura material que figura muchas veces en las construcciones y ceremonias de la Masonería. Recuerda muchas de las partes de los edificios de la Antigüedad y sobre todo del Templo de Salomón.

28. BOVEDA CELESTE
Es la cubierta que simbólicamente tiene la Logia para representar una de las medidas de su universalidad.

29. BOVEDA DE ACERO
Es la que forman los Hermanos puestos en dos hileras, una enfrente de la otra y cruzando las espadas, para que por debajo de éstas pasen las personas a quienes se dispensan honores Masónicos.

30. BRASERO

Aparece en muchas ceremonias Masónicas para contener unas veces ceniza como símbolo de la nada, otras, carbones encendidos para las purificaciones y, otras, fuego para los perfumes.

31. BRAZO

Una de las partes del cuerpo humano que más parte toma en los signos del reconocimiento de los Hermanos en los Grados de los diversos ritos. El brazo se sujeta en la Inic:. por una cuer:., para indicar la limitada esfera de acción de los que no pertenecen a la Orden.

32. BRINDIS

Son siete los que se tienen que hacer de orden en los banquetes Masónicos; el primero por el gobierno de la nación, el segundo por el Gran Maestro y Grandes Dignatarios, el tercero por el Venerable de la Logia, el cuarto por los Vigilantes, el quinto por los Visitadores y Logias de la jurisdicción, el sexto por los Oficiales de la Logia, el séptimo por todos los Masones del mundo. Los tres primeros y el último deben hacerse en pie y antes del último pueden intercalarse todos los que se consideren oportunos.

33. BUFETE

Mesa o pequeño escritorio que se pone frente al sitial de los Vigilantes, del Orador y del Secretario, como también del de los Hermanos Tesorero y Hospitalario.

34. BURIL

Nombre que se da a la pluma y al lápiz en la Logias Simbólicas.

C

C

35. CABALA

Llamase así a una especie de tradición que existe entre los rabinos y doctores judíos.

36. CANTARA

La botella, en el lenguaje simbólico en los banquetes Masónicos.

37. CANTARO

En los banquetes de la Masonería de Adopción, se da este nombre a las garrafas.

38. CAÑON

Nombre que se da a la copa o vaso en los banquetes Masónicos.

39. CAPITACIÓN

Cotización anual debida por el Francmasón a su Logia y Obediencia.

40. CARGAR

Voz usada en los banquetes Masónicos para expresar la acción de poner agua o vino en los vasos o copas.

41. CARTA

Título de Constitución dada por una Obediencia a una Logia y que garantiza su regularidad.

42. CATECISMO

Manual conteniendo para cada Grado, la enseñanza Masónica

43. CATEDRA DEL REY SALOMÓN

Sitial ocupado en la logia por el Venerable.

44. CERVEZA

En el lenguaje usado en los banquetes, se le designa generalmente con el nombre de pólvora amarilla.

45. COLOQUIO

Debate organizado sobre temas concretos entre especialistas Masones y profanos.

46. COLUMNAS

Designa en primer lugar las dos Columnas simbólicas J∴ y B∴ situadas a la entrada de la Logia, a imitación de las que Hiram colocó ante el vestíbulo del templo de Jerusalén según consta en la Biblia (I Reyes, y, 21-22). También significa el lugar que ocupan los Masones en la Logia, según que estén al dado de una u otra Columna.

47. CONCLUSIONES

Se denominan así en Masonería los dictámenes que exponen los Oradores en cada Taller y al final de todos los debates, exponiendo la sana doctrina y jurisprudencia vigente, para que conforme con ellas formen los obreros sus opiniones y voten lo que estimen más justo y conveniente. Después de las conclusiones del hermano Orador no es lícita discusión alguna sobre el objeto de las mismas. Esta materia que en sí es sencilla y clara, consideramos que envuelve gran trascendencia para la Orden, y en efecto, de su observancia legal o de su adulteración depende la mayor parte de los males que sufren las Logias. Así como las conclusiones son una garantía para el buen régimen, armonía y regularidad de los Talleres, cuando ellas son lo que deben ser, así mismo, cuando se las desnaturaliza, son semillero de desórdenes, rivalidades, desprestigio de Dignatarios y hasta desquiciamiento y ruina de la Logia.

48. CONTRASEÑA

Modo de reconocimiento manual entre Francmasones.

49. CONSISTORIO

En el Rito Escocés Antiguo y Aceptado, el Taller de los Grados 31 y 32

50. CONVENTO

Asamblea anual de todos los diputados de las Logias de una misma Obediencia.

D

D

51. DESBASTAR:
Término simbólico que se refiere al proceso de pulir el carácter y eliminar imperfecciones, similar a cómo se trabaja una piedra bruta.

52. DESPERTAR
Vuelta a la actividad Masónica de un Francmasón o de una Logia en sueños.

53. DESPOJAR DE LOS METALES
Rito practicado en todas las Obediencias Masónicas del mundo. Simboliza el estado de desnudez del candidato profano. En el primer Grado del Rito Escocés Antiguo y Aceptado, los metales simbolizan las pasiones del mundo profano, que no deben penetrar en la Logia. En el segundo Grado, del Rito Rectificado, los metales simbolizan los vicios. Finalmente en el lenguaje Masónico, los metales han acabado por designar el dinero.

54. DIACONO
Cargo que en las Logias ejercen dos Masones, con objeto de transmitir las órdenes de las Luces a los demás Hermanos.

E

JEM- Diciembre 6.024 V:.L:.

E

55. EDAD

En general, cuando se pregunta en Masonería por la edad, equivale a inquirir el Grado que se posee. La edad profana es uno de los requisitos para pertenecer a la Orden Masónica. La edad Masónica se divide en dos : edad en la Orden y edad Simbólica. La edad en la Orden se cuenta desde la fecha de la Iniciación de Aprendiz y la edad simbólica varía en cada Rito y en cada Grado.

56. ENCUESTA

Investigación ordenada por el Venerable sobre la vida y costumbres de los candidatos a Masones.

57. ESCOCISMO

Francmasonería de los altos Grados inspirada en la tradición Caballeresca.

58. ESCUADRA

La segunda de las tres grandes "Luces" que iluminan la Logia. Simboliza la rigurosa equidad y constante conciliación entre las oposiciones necesarias que existen en la Logia.

59. ESPADA FRAMÍGERA

Espada entregada al Venerable de la Logia el día de su instalación. La hoja es sinuosa y representa el fuego del cielo. En las manos del Venerable significa la potencia espiritual.

60. ESTAR A CUBIERTO

Se dice que el templo, una reunión, un documento, etc., están a cubierto, para significar que están en seguridad, bien guardados y libres de toda ingerencia o mirada profana. En los trabajos que celebran los Masones, en todos los Grados que comprenden los distintos Ritos, el primer deber de los Vigilantes de la Logia es siempre el de asegurarse si el Templo se halla a cubierto y en seguridad, tanto interior como exteriormente. Para ello, en general, se dispone que por los Guardias exteriores se verifique un escrupuloso reconocimiento, por los alrededores del Templo, y nunca se da principio a una ceremonia hasta que éstos hayan dado cuenta de su cometido. Entonces se procede a inspeccionar el interior por los Vigilantes que, cumpliendo el segundo de sus deberes, recorren sus respectivas columnas. Una vez cerciorados de que el Templo se halla a cubierto, tanto interior como exteriormente, se procede a la apertura de los trabajos, con sujeción a las fórmulas prescritas por el ritual.

61. EXPERTO

Oficial de la Logia encargado de reconocer a los visitantes, recoger los escrutinios y reemplazar a todo oficial ausente.

G

G

62. "G"

Para los Masones es la letra sagrada inscrita en el centro de la Escuadra. Para algunos Masones es la primera letra de la palabra inglesa God (Dios); para otros, proviene de la palabra geometría siendo el símbolo del arte de la arquitectura. La gnosis, el genio y la gravitación suelen ser también interpretaciones de este símbolo.

63. GABINETE DE REFLEXION

Gabinete en el que se encierra al profano antes de su Iniciación, para meditar ante un cierto número de símbolos. Es allí donde debe también redactar su testamento filosófico.

64. GRAN ARQUITECTO DEL UNIVERSO

Símbolo de Dios para algunos Masones; el principio creador para otros; para todos la Ley.

65. GRAN CANCILLER

Gran Oficial que en algunas Obediencias tiene la responsabilidad de las relaciones con las Obediencias extranjeras.

66. GRAN COMENDADOR

Alto dignatario que preside un Supremo Consejo.

67. GRAN LOGIA

Cuerpo superior que en algunos países reúne al supremo poder de la Orden.

68. GRAN MAESTRO

Suprema autoridad en una Obediencia.

69. GRAN ORIENTE

En cada país es la reunión de los cuerpos que forman su gobierno Masónico.

70. GRABAR

En lenguaje Masónico significa escribir.

71. GRANADAS

Frutas que aparecen en el Simbolismo de la Orden colocadas sobre los capiteles de las dos Columnas que se hallan a los lados de las puertas en las Logias.

72. GUANTES BLANCOS

Símbolos de la pureza. En numerosas Logias los Hermanos deben llevarlos obligatoriamente dentro del Templo.

H

H

73. HERMANO
Título fraternal con que se distinguen los miembros de la Francmasonería.

74. HERMANO TRES PUNTOS
Sobrenombre dado frecuentemente al Masón en el mundo profano.

75. HIJOS DE LA LUZ
Forma frecuente de designar a los Masones.

76. HIJOS DE LA VIUDA
Otro modo de denominar a los masones. Nombre aplicado a los masones franceses por razón de que las ceremonias masónicas están principalmente basadas en las aventuras y muerte de Hiram Abif, "el hijo de la viuda", que, ayudó a edificar el mítico Templo de Salomón.

77. HIRAM
De los tres personajes que con este nombre son evocados en la Biblia, el que los Masones de todas las épocas y de todos los Ritos consideran como el Maestro de los maestros era un hombre de Tyro, hijo de una viuda de la tribu de Neftalí, que su rey había enviado a Salomón para la construcción del templo de Jerusalén. De este orfebre famoso, la leyenda simbólica de la Masonería ha hecho un arquitecto. Esta leyenda inspira sobre todo una de las ceremonias rituales más hermosas de la Masonería, a saber, el paso de un Compañero a Maestro. Parece ser que esta leyenda proviene de algún misterio representado en las ghildes de la Edad Media.

I

78. INICIADO:

La persona que ha pasado por la ceremonia de iniciación y se ha convertido en un masón.

79. INICIACIÓN:

Las ceremonias por las cuales se ingresa en la Orden, por medio de pruebas, juramentos y comunicación de misterios. Esta práctica de ingreso data de la más remota antigüedad.

80. INSTALACIÓN:

Ceremonia ritual por la que queda regularizada una Logia. También se dice de la toma de posesión de los Oficiales de la Logia que tiene lugar cada año.

81. ILUSTRE:

Título honorífico utilizado en algunos grados de la masonería para designar a miembros que han alcanzado ciertos niveles de distinción.

82. INSTRUCCIÓN:

El proceso de enseñanza y aprendizaje de los principios y rituales masónicos.

83. INSPIRACIÓN:

La motivación o guía espiritual que los masones buscan en sus prácticas y estudios.

84. INVESTIDURA:

Ceremonia en la que se otorgan insignias y símbolos de un grado masónico a un miembro.

85. INTEGRACIÓN:

La inclusión y cohesión de todos los miembros dentro de la logia.

86. INTERPRETACIÓN SIMBÓLICA: El análisis y entendimiento de los símbolos y alegorías en la masonería.

J

J

87. JOYAS

Llamase así a las insignias distintivas, que sirve para caracterizar los cargos y para distinguir a los oficiales y dignidades del taller.

88. JURAMENTO

Unas de las más solemnes ceremonias de la Iniciación de los profanos, porque impone lazos y obligaciones para toda la vida. La fórmula del juramento debe comprender los deberes para con la Orden en general y todos sus miembros, para con la Potencia Masónica, y todas sus autoridades, y para con la Logia y todos sus Dignatarios.

89. JURISDICCIÓN

La suma de autoridad y gobierno que corresponde a los cuerpos Masónicos, a sus autoridades y a sus Dignidades y Oficiales.

90. JUSTA Y PERFECTA

Se dice de una Logia, que tres la forman, cinco la componen y siete la hacen justa y perfecta. Las logias justas y perfectas son las que gozan del pleno uso de todos los derechos Masónicos, con completa independencia de cualquier otra Logia, y sin limitaciones.

L

L

91. LANDMARKS

Un Landmark no es ni un símbolo, ni una alegoría, sino una regla. Se les define como reglas de conducta que han existido desde tiempo inmemorial --ya sea en forma de ley escrita o de tradición oral-- y que son coesenciales con la Sociedad Masónica, de forma tal que, en la opinión de la mayoría, son inmutables, y todo Masón está obligado a conservar intactas, en virtud de sus compromisos más solemnes e inviolables.

92. LATOMO

Del latín Latomus, significa albañil o Masón.

93. LITURGIA

Libro que contiene la forma y el orden aprobados por la Masonería, para celebrar los misterios y ceremonias y especialmente para el régimen de los trabajos.

94. LOGIA

Lugar donde se reúnen los Masones. A imitación de las Logias operativas de los constructores de catedrales están orientadas como las mismas catedrales. La puerta se encuentra a occidente; el Venerable se sitúa en el oriente, y los Compañeros en el sur, con los Maestros. Una Logia, presidida por un Venerable, debe contar al menos con siete Maestros para ser regular. Se reúne siempre en un Templo cubierto y cerrado.

95. LUVETON

Hijo de Francmasón presentado por su padre a la Logia.

96. LUZ

Simbólicamente representa la ciencia, por cuya razón era la luz el objeto capital de todas las Iniciaciones desde la más remota antigüedad. Hoy se llama dar la luz al acto de Iniciar a un profano.

97. LLAMADA

Se denomina así el acto de golpear a las puertas de la Logia, en cuyo acto se deben dar los golpes que corresponden al Grado en que el Taller trabaja.

M

M

98. MADRE
Simbólicamente es la tierra, a la cual llaman los Masones la viuda. Es la Logia en que un Masón fue iniciado en el primer Grado Simbólico.

99. MANDIL
Delantal usado por los Masones en la Logia. Su decoración varía según el Grado.

100. MALLETE
Martillo con dos cabezas, de madera o de marfil. En la Logia es el atributo del Venerable y de los dos Vigilantes.

101. MALLETES BATIENTES
Honor con el que son recibidos en el Templo los Dignatarios.

102. MARCHA
Llámase así, en Masonería, la disposición de los pasos por los cuales se penetra en el Templo o Logia. La marcha constituye lo que se llama el signo pedestre.

103. MEDIODIA
Desde el punto de vista de la hora, señala el comienzo simbólico de los trabajos masónicos. Como sinónimo del sur, designa a la columna ocupada por los Compañeros y los Maestros. Esta bajo el cuidado del Primer Vigilante.

104. METALES
Signos exteriores de riqueza y las pasiones humanas.

N

N

105. NADIR.
Palabra de origen Árabe que indica en astronomía el punto de la esfera que se halla diametralmente opuesto al zenith, y que correspondía a aquel desde el centro de la tierra sobre cada punto de la superficie del globo.

106. NEOFITO
Del griego neophitos que significa propiamente recién nacido. Se dice al recién convertido o elevado a las órdenes, y en general de todo el que es admitido en una corporación y a los Masones que acaban de ser Iniciados. El águila es el símbolo de los neófitos, que por el bautismo despliegan sus alas para elevarse a las regiones de una nueva vida.

107. NE-VARIETUR
Llamase así la firma que los Hermanos están obligados a estampar en todos los diplomas y demás documentos justificativos de sus Grados, para acreditar su personalidad Masónica.

O

O

108. OBEDIENCIA
Federación de Logias que aceptan una misma autoridad.

109. OBLIGACIÓN
Compromiso tomado bajo juramento al neófito en la ceremonia de Iniciación.

110. OBOLO
Donación entregada por cada Masón al terminar la Tenida para las obras de beneficencia.

111. OCCIDENTE
Los Templos Masónicos tienen la forma de un cuadrilongo, cuya longitud se mide
simbólicamente de Oriente a Occidente, en donde se halla situada la puerta de entrada y las dos Columnas solsticiales, junto a las cuales se colocan los Hermanos
1° y 2° Vigilantes, a imitación de los templos de Egipto, en los cuales el Occidente
se hallaba figurado también por una de las dos columnas cuadradas, situadas a
ambos lados de la puerta, y orientadas como las pirámides: allí brilla una de las
tres luces misteriosas que deben iluminar toda Logia, y es la que simboliza la an-
torcha de la virtud; para recordar incesantemente al Masón que ésta es el sostén
del edificio social, sin el cual no puede existir la dicha ni el bienestar entre los hom-
bres.

112. OFICIAL
Maestro Masón encargado en la Logia de una responsabilidad particular.

113. ORDO AB CHAO "Ordo ad chao" está escrito usualmente en latín incorrecta-
mente (lo correcto sería: "Ordo ab chaos"). Está destinado a ser traducido como
"orden al caos" - una inversión de la expresión latina "ordo ab chao" ("orden del
caos") a menudo utilizado como el lema en la Francmasonería.

114. ORIENTE
Llámese así al lado opuesto a la puerta de la entrada de los Templos Masónicos: el
Oriente se halla separado del resto del Templo por una balaustrada y se asciende
a él por una gradería de tres escalones. Es imagen del punto en que aparece el
Sol, y según la interpretación del Simbolismo Escocés, de la parte del Templo de
Salomón que contenía el Santo de los Santos. Allí brilla una de las tres grandes luces misteriosas que deben iluminar siempre los trabajos. El sol, la luna y el Maestro de la Logia, allí se encuentran. El Venerable ocupa un trono cobijado bajo un
dosel; porque así como el Sol sale por el Oriente, para dar principio a su carrera
del día, así el Maestro se coloca en este punto para abrir la Logia, ilustrar los trabajos y dar ocupación a los obreros.

115.	ORDEN
Sinónimo de la Francmasonería universal

116.	ORDEN CAPITULAR
Se comprende en General, bajo esta denominacion, la serie de grados filosóficos o sea los comprendidos desde el tercero al treinta o sus equivalentes.

117.	ORIENTE
Estrado formado por tres escalones, situado al Este de la Logia y en el que se sitúan el Venerable, el Ex Venerable, el Secretario, El Orador Fiscal y los dignatarios Visitadores. Designa también la ciudad en que se lleva a cabo las actividades de una Logia. Se dice "..al Oriente de.."

118.	ORIENTE ETERNO
Termino que designa la masoneria el mas allá. El situado más allá de la muerte.

P

119.   PABELLÓN
Llámese así al dosel bajo el que se cobija el trono del Venerable Maestro.

120.   PALABRA DE SEMESTRE
Especie de palabra de pase transmitida cada seis meses por la Obediencia a todas sus Logias.

121.   PALABRA SAGRADA
Palabra de reconocimiento propia de cada Grado.

122.   PASAPORTE
Documento Masónico extendido por la Obediencia, que permite a un Masón hacerse reconocer por sus Hermanos en un país extranjero.

123.   PASAR LA PALETA
Expresión Masónica que significa perdonar a un Hermano la ofensa que le ha hecho.

124. PASOS PERDIDOS
Termino con que se conocen los vestíbulos, los locales y corredores que conducen a uno o más templos masónicos, y en los cuales no es necesario adoptar el mismo comportamiento que en un templo cerrado.

125. PATENTE
Carta constitutiva entregada por una Obediencia a siete Maestros Masones, que les autoriza a crear una nueva Logia.

126. PERJURIO
Crimen que abomina con todas sus fuerzas los masones. Per4jurarseequivale a cubrirse de infamia.

127.   PIEDRA DE FUNDACIÓN
Primera piedra de un Templo Masónico cuya colocación da lugar a una ceremonia ritual.

128.   PLANCHA
Nombre simbólico de los documentos Masónicos, pero especialmente de las actas de los trabajos de las Logias.

129.   POLVORA BLANCA
El champán y otras bebidas espumosas.

130.   POLVORA FLOJA
El agua.

131.   POLVORA FUERTE
El vino tinto y todas las bebidas alcohólicas.

132.   POLVORA FULMINANTE
El espíritu del vino, el aguardiente y otras bebidas fuertes.

133.   POLVORA NEGRA
El café.

134.   POLVORA ROJA
El vino generoso.

135.   POLVORA DEL LIBANO
El tabaco.

136.   PROCESO VERBAL
Acta de una Tenida de Logia redactada por el Secretario, y aprobada por el conjunto de los Maestros tras las observaciones del Orador.

137.   PROFANO
Persona no iniciada. Se aplica igualmente a todo lo que es ajeno a la Masonería.

138.   PROMESA
Seguridad que se da verbalmente o por escrito del cumplimiento de un compromiso. La promesa substituye hoy en algunas Logias al antiguo juramento de los Iniciados.

139.   PRUEBAS
Los actos de la Iniciación de los profanos por medio de los cuales se trata de conocer las condiciones de resistencia, valor físico y cualidades morales e intelectuales de los mismos. Por esta razón, las pruebas se dividen en físicas y morales. Las primeras, se dirigen a probar la resistencia material del que se Inicia, y las segundas, a escudriñar sus sentimientos y creencias y a examinar sus conocimientos y talentos. El uso de las pruebas data de los primeros días de la civilización.

R

140.   RADIACIÓN

Lo mismo que Irradiación, Separación, Expulsión, a que son condenados los Masones que se hagan indignos de este nombre: equivale a la muerte civil y es la pena más severa que puede imponerse en la Masonería. Expulsión de un hermano por mala conducta.

141.   RECEPCIÓN

Dícese al acto o ceremonia mediante el cual se procede a la admisión de los nuevos miembros que ingresan en la Orden, así como de los aumentos de salario, o sea del paso de un Grado inferior a otro superior.

142.   RECIBIR LA LUZ

Se dice del profano que es Iniciado.

143.   RECIPIENDARIO

El profano, que va a pasar por las pruebas, el día de su recepción.

144.   RECHAZAR

Se dice en Masonería del acto de negarse u oponerse a la admisión de un nuevo miembro. Cuando una Logia rechaza la propuesta de Iniciación de un profano, o cuando, aún después de aprobada ésta, se niega a su admisión, según práctica generalmente admitida, deberá dar ésta cuenta a la superior autoridad de que dependa, dentro del más breve plazo posible especificando los motivos en que se ha fundado para proceder así.

145.   REGULARIZACIÓN

Acto por el cual una Logia o una Potencia otorga la regularidad a un Masón o a un Taller. La regularización se otorga en virtud de expediente debidamente instruido para este efecto. En general las demandas de regularización se hallan sujetas a las mismas formalidades que la Iniciación para los Masones, y que la constitución de nuevas Logias para los Talleres. Estas reglas se hallan consignadas en la Constitución y Estatutos generales de cada Potencia, que difieren muy poco entre sí.

146.   RETEJAR: (REMATAR/ Tuiler)

Interrogar a un visitador sirviéndose de gestos y palabras secretas con el objeto de asegurarse de su cualidad masónica y de su verdadero grado.

147.   RITO

Conjunto de Grados Masónicos formando un todo coherente. Conjunto de reglas que fijan el desarrollo y las formas del trabajo en Logia.

148.   RITUAL

Del latín Ritualis, lo que tiene relación con los Ritos. En Masonería se llaman así los libros que contienen el orden, las fórmulas y demás instrucciones necesarias para la práctica uniforme y regular de los trabajos Masónicos en general, así como para las ceremonias de Iniciación, aumentos de salario, o ascenso de Grados, fiestas y banquetes de la Orden, honras fúnebres, etc. La adopción y aprobación de los Rituales, es potestativa de la autoridad superior del Rito de cada cuerpo o Potencia jurisdiccional.

S

149. SACO

El saco o tronco de proposiciones. Corresponde a las palabras tronc o sac de pro-
positions de los franceses. El saco y tronco de proposiciones es una bolsa oblonga
de boca abierta y bastante ancha, para que pueda pasar libremente por ella un
pliego cerrado de regulares dimensiones, y colarse éste al fondo sin que sea per-
ceptible, si así conviene, de otro que no sea el que lo deposita. Esta bolsa también
suele usarse para el tronco de beneficencia.

150.   SALARIO

Los Masones, como obreros alegóricos que son para la construcción del Templo
de la Verdad, de la Ciencia y de la Razón, reciben el salario que les corresponde.
Los Aprendices, ocupados en el desbaste de la piedra tosca, reciben su salario en
la Columna J:. y los Compañeros que labran la piedra cúbica, lo reciben en la Columna B:.

151. SELLO

Utensilio de metal o de cualquier otra materia en el que están grabados el título y
los atributos particulares y distintivos adoptados por las Logias, Grandes Logias,
Grandes Orientes, etc., a fin de revestirlos de mayor autenticidad.

152. SEÑAL DE APURO

Signo particular, conocido sólo por los Maestros Masones, que les permite llamar a
sus Hermanos en su ayuda.

153. SEÑAL DE ORDEN

Signo simbólico del Grado en el que trabaja en el Taller.

154. SEÑAL DE RECONOCIMIENTO

Señal que permite a un Masón hacerse reconocer como tal.

155. SEPTENTRION

Parte norte de un templo. Su columna esta reservada a los Aprendices y Maestros,
se halla a cargo del Segundo Vigilante.

156. SESION

En Masonería, celebración, duración, todo el tiempo que duran las reuniones que
celebran las Logias.

157. SEUDONIMO

Nombre supuesto que se toma para encubrir o disfrazar el verdadero. Los seudó-
nimos que usan los Francmasones son los que se distinguen con la denominación
de nombres simbólicos y también nombres de guerra.

158. SILENCIO

Privación voluntaria de hablar. El silencio y la compostura que deben imperar siempre en todos los actos y reuniones Masónicos, deben observarlo escrupulosamente los Francmasones en todo tiempo, ya sea en el seno de las Logias, ya sea en medio de la sociedad profana; y tienen el deber de observarlo escrupulosamente en todas ocasiones, no porque lo prescriban los reglamentos de las Logias y aun los Estatutos generales de la Autoridad de que dependan, sino porque lo exige así la buena educación y lo aconsejan las conveniencias. Todos los escritores Masónicos lo recomiendan como necesario al orden y seriedad a que se debe la inmensa diferencia que existe entre las reuniones Masónicas y las profanas. El silencio así practicado, se eleva al rango de virtud, gracias a lo cual, se corrigen muchos defectos por lo mismo que se aprende a ser prudente e indulgente con las faltas que se observan. Por eso la Francmasonería lo simboliza por la trulla (paleta), con la cual debemos extender en silencio una capa sobre los defectos de nuestros semejantes, así como lo hace el masón, para cubrir los de un edificio.

159. SINAGOGA DE SATAN

Expresión frecuentemente utilizada por adversarios católicos de la Masonería, para designarla.

160. SOCORRO

Ayuda o favor que rápidamente se da al que se halla en necesidad o peligro. En el número de los deberes más sagrados que impone la Francmasonería a sus adeptos, ocupa un preferente lugar, el que obliga a los Hermanos a socorrerse mutuamente en los peligros, con toda abnegación y hasta el punto de exponer la propia existencia si es necesario; a prevenir las necesidades y a asistirse en las desgracias o infortunios, hasta donde lo permitan las facultades y recursos de cada cual. Este deber, que todo Masón promete observar fielmente en todas las circunstancias, en el solemne acto de su recepción en el seno de la Masonería y que cada cual a su vez, llegada la ocasión, debe cumplirse con la mayor cordialidad y diligencia, sin afectación y como un acto enteramente natural, que sólo en el fondo de propia conciencia, puede encontrar el digno galardón de que puede hacerse acreedor.

161. SOCRATES

Celebre Filósofo, uno de los siete sabios de Grecia. Su obra consistió en excitar al hombre a la observación de si mismo y en hacer el alma humana el principio y objeto de la filosofía.

162. SOFISMO

Movimiento filosófico-social surgido en Atenas en el siglo IV a. J. C. Los sofistas eran originariamente maestros de retórica con fines jurídicos o de abogacía. Derivaron a un relativismo o escepticismo según el cual la verdad o la justicia de una causa dependían de la habilidad de quien la defendiera. Sócrates fue el principal adversario de la sofística por cuanto ésta negaba la verdad objetiva.

163.   SOLSTICIOS

Fiestas solemnes que anualmente celebra la Francmasonería en la época en que tienen lugar los solsticios de verano y de invierno, dedicada la primera al Reconocimiento, y a la Esperanza la segunda. Generalmente suelen designarse estas fiestas entre los Francmasones con el nombre de Fiestas de San Juan. Solsticios son la época en que el Sol entra en los signos de Cáncer y Capricornio, o sea en que llega a su máxima declinación septentrional y meridional.

164.   SUEÑO

Estado en el que se encuentra un Francmasón o una Logia que han interrumpido su trabajo Masónico regular sin perder, sin embargo, sus derechos Masónicos.

165.   SUPREMO CONSEJO

Potencia Masónica que dispone de la jurisdicción sobre los talleres del 4° al 33° Grado.

T

166. TALLER
Nombre dado en Masonería a todos los cuerpos Iniciáticos, ya se trate de las Logias que trabajan en los tres primeros Grados, o de entidades constituidas por los Grados superiores.

167. TEMPLO
Para el Masón, en primer lugar es el ideal a realizar: el Templo de Salomón que jamás se acabará de construir. También es el sitio físico en el que se reúne la Logia.

168. TENIDA
Reunión de trabajo de una Logia.

169. TENIDA BLANCA ABIERTA
Tenida Masónica en la que son admitidos oyentes profanos.

170. TENIDA BLANCA CERRADA
Tenida Masónica en la que un conferenciante profano habla ante una asistencia que está integrada exclusivamente por Masones.

171. TENIDA COLECTIVA
Tenida Masónica organizada solidariamente por varias Logias.

172. TESTAMENTO
Fórmula usada en las Iniciaciones de la Francmasonería, con el doble objeto de dar a comprender al profano, que muere para nacer a una vida nueva y para conocer los más íntimos sentimientos de su alma. El testamento, junto a las preguntas que se formulan para que las conteste por escrito mientras el aspirante se halla en el Cuarto de Reflexiones, tiene una importancia real y mucho mayor de lo que a primera vista parece.

173. TRONCO DE LA VIUDA
Tronco en el que al final de cada Tenida, los Masones depositan sus óbolos para las obras de beneficencia de la Logia.

174. TRONO DE SALOMÓN
Nombre dado a la sede reservada en el Templo al Venerable.

V

V

175. VALLE
El conjunto de lugares situados bajo una misma jurisdicción es el nombre que se da en los Grados capitulares. En los grados Simbólicos se expresa con la palabra Oriente. En esto reina una gran confusión entre los Francmasones, porque no sabiendo distinguir las diferencias esenciales que encierran las voces Oriente y Valle, las usan indistintamente sin apercibirse del error en que incurren. Así se ve frecuentemente, que muchos Hermanos que sólo poseen los Grados Simbólicos y muchas Logias Simbólicas también, fechan sus documentos, en el Valle de ::., o en los Valles de:.., cuando deberían hacerlo en el Oriente de ::., y viceversa, en documentos capitulares y emanados de altas Cámaras se dice Oriente donde debería escribirse o decirse Valle.

176. VIAJES
Término aplicado a las preanulaciones del candidato o durante sus pruebas de Iniciación.

177. VIUDA (Hijo de la …)
Nombre simbólico dado a la tierra alegorizada por Isis viuda de Osiris. Nombre con que se designa a un Mason.

178. VOLUMEN DE LA SANTA LEY

Volumen de la Ley Sagrada. Normalmente suele ser la Biblia abierta en el evangelio de San Juan, y ante la que los cristianos prestan juramento de fidelidad. Los israelitas lo hacen sobre un pasaje del Antiguo Testamento. Cuando se trate de musulmanes se utiliza el Corán; y el libro de los Vedas para los hindúes.

Z

Z

Zayin: Es la séptima letra del alfabeto hebreo y tiene un valor numérico de 7.

Zadok: Relacionado con Zadok, el primer sumo sacerdote del Templo de Salomón.

Zakala: Significa "parte" o "trozo" en sánscrito.

Zaiva: Relativo a Ziva, que significa "arma" o "felicidad" en sánscrito.

Zabulon: Nombre de uno de los hijos de Jacob y significa "morada de Dios".

Zachai: Uno de los nombres de la Divinidad.

Zagreus: Uno de los nombres del dios Bac

Zenith: "Zenith" (o "Zénit" en español) es una palabra utilizada en la masonería. En términos masónicos, el zénit representa el punto más alto del cielo, directamente sobre el observador. Simbólicamente, puede referirse a un estado de máxima elevación o perfección espiritual. Es el punto opuesto al Nadir. Punto imaginario que en la esfera celeste se supone situada perpendicularmente sobre nuestra cabeza.

SEGUNDA PARTE

ABREVIATURAS EN LA MASONERIA.

Las abreviaturas de los términos Masónicos o de títulos oficiales, como de palabras de pase o sagradas, son muy usadas dentro de la orden. Sin embargo se sabe que pocas veces se usaron en las primeras publicaciones de la orden. Por ejemplo, no se encuentran en los documentos de la obra de Anderson, (La Constitución). Los autores ingleses y entre los autores franceses, frecuentemente se distinguen las abreviaturas masónicas por los tres puntos, en forma triangular seguido de las letras, cuya marca singular fue usada por primera vez, según Ragón, el 12 de agosto de 1774, por el Gran Oriente de Francia, en un discurso a los miembros de su logia.

No se ha encontrado una explicación concreta del significado de estos puntos; pero evidentemente se refiere, a las tres luces del ara, o quizás, más al número tres y al triángulo, ambos símbolos importantes en el sistema masónico.

Hay que hacer notar que las letras dobles significan el plural de aquellas voces de las cuales una sola letra es la abreviatura, así por ejemplo, H:. , significa Hermano y HH :. Hermanos. En inglés, L :. se usa algunas veces para indicar Logia y LL :. indica Logias.

Es necesaria esta observación, pues no se desea aumentar más la lista de abreviaturas para los plurales. Por consiguiente, si un Hermano por ejemplo encontrase: S :. G :. I :. para Soberano Gran Inspector, los plurales respectivos serán natu-

ralmente, SS :. GG :. II :. , los cuales indican Soberanos Grandes Inspectores, y así sucesivamente.

Esta segunda parte de la investigación tampoco pretende ser un catálogo de abreviaturas masónicas, sino, más bien una guía práctica para consulta producto de recopilaciones encontradas en distintas obras relacionadas con nuestra orden.

JEM- Diciembre 6.024 V:.L:.

A

A

1. A:.: Ara. Altar que los masones ponen en el centro del templo.
2. A :.D :. :Anno Depositionis. En el año del Depósito. Fecha usada por los Maestros Reales y Selectos.
3. A :. y A :. :Antiguo y aceptado.
4. A :.A :. : Arbusto Ardiente. O Aprendiz Admitido.
5. A :. D :. D :. :Anno Inventionis. En el año del Descubrimiento. Fecha empleada por los masones de La Real Orden.
6. A :. F :. : Antiguo Francmasón.
7. A :. H :. : Año Hebreo. Idem al Año del Mundo.
8. A :. L :. : Anno Lucis. En el año de la Luz. Fecha usada por los masones del Antiguo Gremio. Se encuentra agregando 4.000 a la era común. Ej. 2.024 + 4.000 = 6024. cuyo cómputo se expresa también con las letras V :. L :., que significa Verdadera Luz. Por otro lado, el **calendario hebreo** comienza desde lo que se considera la creación del mundo según la tradición judía, que es aproximadamente en el año 3760 a.c. Por eso, al año gregoriano se le suman 3760 años para obtener el año actual en el calendario hebreo.
9. AA:.LL:. Y AA:. MM:.: ANTIGUOS LIBRES Y ACEPTADOS MASONES. Apelativo utilizado para designar los Ritos que son Regulares.
10. AL:. G :. D :. G :. A :. D :. U :. : A La Gloria Del Gran Arquitecto Del Universo.
11. AL:. G :. D :. G :. A :. D :. L :. M :. : A La Gloria Del Arquitecto De Los Mundos.
12. A :. M :. : Antiguo Masón o ANNO DEL MUNDI (año del mundo). Esta fecha es utilizada en el Rito Escocés Antiguo y Aceptado y se encuentra agregando 3.760 a la era común hasta el mes de septiembre; después se agrega un año más; esto se hace así debido a que el año que se usa es el hebreo, que comienza en el mes de septiembre. Ej. Julio de 2.010 + 3760 = 5.770 y octubre de 2.010 + 3760 + 1 = 5.771.
13. A :. M :. Y :. :Antiguo Masón de York.
14. A :. O :. : En el Año de la Orden. Es fecha acostumbrada por los Caballeros Templarios. Esta se obtiene substituyendo 1.118 de la era común, así por ejemplo: 1.999 – 1.118 = 881.(Del francés) . Hacia el Oriente. Denomínese así al sitio de la Logia.
15. A :. O :. : Al´Orient.
16. A :. M :. R :. G :. V :. Z :. A :. :Se usa en el 3° grado de la masonería de Adopción de Cagliostro titulado Maestra Egipcia. Cada una de estas letras es la inicial de los nombres de siete ángeles que son representados simbólicamente en la iniciación.
17. Ap :. :Aprendiz.
18. Apr :. :Aprendiz.
19. A :. P :. P :. : Iniciales misteriosas que aparecen en el mandil del 6° grado del Rito Escocés y que significa: Alianza – Promesa – Protección.
20. A :. V :. T :. : Audi, Vidi, Tace. Oye, Ve y Calla. Se usa a menudo en los documentos masónicos y también se encuentran con frecuencia en las medallas masónicas.
21. A :. U :. T :. O :. S :. A :. G :. : Ad Universis Terrarum Orbis Summi Architecti Gloriam.

22. A :. U :. R :. D :. F :. P :. T :. : Iniciales que figuran en la base de una de las columnas que decoran la Logia del grado 17° del Rito Escocés. Y que significan: Amistad – Unión – Resignación – Discreción – Fidelidad – Prudencia y Templanza.

B

B

23. B :.: Segunda letra del Alfabeto masónico. Es la inicial de la palabra Sagrada del Aprendiz. También es el nombre de una de las columnas que se hallan a la entrada de las Logias y es la abreviatura de la palabra: Boaz.
24. B :. A :. : Beithung – Abara. Significa cosa del pasaje. Masonería de Adopción.
25. B :. A :. J :. : Iniciales del mandil de los Caballeros Intendentes de los Edificios y representan las palabras: Ben – Chorin *Achar *Jachinai.
26. B :. D :. S :. P :. H :. G :. F :. : Belleza, Divinidad, Sabiduría, Poder, Honor, Gloria y Fuerza. Las cuales están en un capitel de las columnas de la Logia del grado 17° del Rito Escocés y aparecen en el heptágono de la joya del mismo grado del Rito de Memphis. Y también en la de los Caballeros del Oriente y Occidente.
27. Br :. : En ingles y alemán significa: Hermano.
28. B :. J :. M :. N :. :Iniciales de las palabras sagradas: Booz, Jachin, Moabon y Nekamah. Estas letras figuran en las cuatro extremidades de la cruz de San Andrés que constituye la joya de los Grandes Escoceses de San Andrés de Escocia o Patriarca de las Cruzadas, Caballero del Sol, Gran Maestro de la Luz, grado 29° del Rito Escocés Antiguo y Aceptado.

C

C

29. Cab :. :Verdadera abreviatura de Caballero.
30. CAL :. : Abreviatura de Calavera.
31. Cam:.: Cámara. Se le llama así al grado en el que se esté trabajando.
32. Cam:. de En Med:.: CAMARA DE EN MEDIO Lugar pintado de color negro y decorado con cortinajes negros, lugar en el que trabajan los Maestros Masones.
33. Cam:.de las RRefl:. ó C:. R:.: Lugar en donde colocan al profano antes de iniciarse, este lugar debe ser un cuarto reducido en el que haya una mesa, una silla, una calavera, una vela, un pan negro, una copa con agua, un poco de sal, y tal vez huesos humanos.
34. CAN :. : Canilla. Siempre se trata de calaveras y decorados fúnebres de las Logias.
35. CAP :. :Capítulo o Capitular. Según el sentido de la frase.
36. C :. D :. T :. I :. C :. :Iniciales de las palabras Chevend – Devek – Thokath – Iophi – Chillah. Que figuran en la joya del grado 12° del Rito de Memphis y Escocés y significan: Grandeza – Unión – Fuerza – Belleza – Perfección.
37. C :. H :. : Capitán de Hueste.
38. C :. D :. E :. :Cámara de En medio.
39. C :. G :. :Capitán de Guardia o de la Guardia.
40. C :. H :. B :. : Iniciales con que se expresa la Orden de los Caballeros Bienhechores de la Ciudad Santa. Estas iniciales se consideran como inicio del orden jesuítico de dicha Orden, pues arrojan las cifras 3, 8, 2 que suman 13, número que expresa la letra decimotercera del alfabeto, o N, que significa "Nostri", palabra sacramental de los jesuitas.
41. C :. K :. : Caballero Kadosh.
42. C :. K :. H :. : Iniciales que ostentan en la banda los masones del grado 30° de los Ritos Memphis y Escocés y es la abreviatura de Caballero Kadosh.
43. C :. M :. : Caballero de Malta.
44. COMP :.: Compañero o Compañera.
45. CONS :. : Consejo.
46. C :. R :. C :. :Caballero Rosa Cruz.
47. C :. R :. + :. : Caballero Rosa Cruz.
48. C :. S :. :Consejo Supremo.
49. CH :. :Chevallier (Caballero). Así se denominan ciertos grados supermásonicos que suelen ser reminiscencias de las Órdenes caballerescas.

D

50. D :. : Divinidad. En la joya de los Caballeros del Oriente y Occidente, grado 17° del Rito mencionado.

51. D :. : Incrustada en uno de los costados del mango del hacha de los Caballeros Real Hacha o Príncipes del Líbano, es inicial de DARIO. En el 1° grado, correspondiente al 54 de la escala general del Rito Misraim , figura una D :. que es inicial de DANIEL.

En la banda de los Caballeros del Arco Iris, grado 68° del Rito Misraim es inicial de DICTADOR.

Sobre la placa de las Maestras de las Logias del grado 5° de Adopción o sea de Las Elegidas Sublimes Escocesas que llevan sobre el Galón de la Orden es inicial de la palabra DISCRECION.

También es uno de los jeroglíficos que figuran en la caverna de recepción de los Novicios de la Orden de los Filósofos Desconocidos, en dos puntos. Consiste en una medalla que lleva en el centro un Sol rodeado de 6 planetas que tiene una leyenda que dice": Sol, Solus in medio". En el alfabeto filosófico hermético, la D corresponde al triángulo y tiene por cifra al número 24.

52. D :. ó Diá:.:Diácono.

53. D :. D :. y G :. M :. : Diputado de Distrito y Gran Maestro.

54. D :. C :. : Dosel Celestial.

55. D :. C :. U :. P :. E :. : Sobre la banda con que se decoran las Maestras de Adopción, se borda una estrella de cinco puntas, y en cada una de ellas se ve una de estas cinco letras, que son iniciales de las palabras: Discretas, Constantemente Unidas por Estimación.

56. D :. G :. A :. S :. : Diputado y Gran Alto Sacerdote.

57. D :. G :. y A :. S :. : Diputado General y Gran Alto Sacerdote.

58. D :. G :. M :. : Diputado Gran Maestro.

59. D :. M :. J :. : Deus Meunmque jus, que quiere decir: Dios y mi derecho.

60. D :. V :. : Discreción y Verdad, en la plancha de oro que llevan sobre el pecho los presidentes en los trabajos de las Sublimes Escocesas, grado 5° del Capítulo de Adopción primitivo, hoy en desuso.

E

61. E ∴ : Esperanza.
62. E ∴ : Este, uno de los puntos cardinales de los Talleres masónicos.
63. E ∴ : La E ∴ que brilla en el centro de la estrella de la Orden de Misraim y que llevan sobre el pecho los miembros del Supremo Gran Consejo General de los Grandes Ministerios de la Orden, es inicial de la palabra: Elohai. También, dependiendo del escrito o documento se interpreta como: Eminente, Excelente, Eminentísimo, Excelentísimo, o Escriba.
64. E ∴ A ∴ :Ellah Allah, palabras de reconocimiento de los Comendadores de Oriente.
65. Ec ∴ : Ecossaise. (Francés) Escocés. Perteneciente al Rito Escocés.
66. E ∴ G ∴ C ∴ : Eminente Gran Comendador.
67. E ∴ E ∴ N ∴ D ∴ G ∴ A ∴ D ∴ U ∴ : En El Nombre Del Gran Arquitecto Del Universo. Con frecuencia úsase esta frase en conjunto con los documentos Masónicos.
68. E ∴ G ∴ A ∴ S ∴ : Excelentísimo Gran Alto Sacerdote.
69. E ∴ G ∴ M ∴ : Eminentísimo Gran Maestro. (Alusivo a los Caballeros Templarios).
70. E ∴ G ∴ J ∴ : Palabras sagradas: El Gomel Jehovah.
71. E ∴ J ∴ : Equidad y Justicia.
72. E ∴ J ∴ : Excelentísimo y Justo.
73. E ∴ G ∴ A ∴ D ∴ U ∴ :El Gran Arquitecto Del Universo.
74. E ∴ V ∴ : Ere Vulgaire (francés) Era Vulgar, Año del Señor.
75. E ∴ V ∴ M ∴ : Ex Venerable Maestro.

F

F

76. F ∴ : Fe. En el grado 17° del Rito Escocés Antiguo y Aceptado, la F significa unas veces Fuerza y otras Fidelidad. En el alfabeto hermético, la F representa al número 7, que corresponde a los jeroglíficos de la Cruz y es la inicial de la palabra: Fuego.
    También, la F ∴ quiere decir: fratello (en documentos y Ritos italianos).
77. F ∴ E ∴ C ∴ : Fe – Esperanza – Caridad.
78. F ∴ F ∴ : Fuerza y Fidelidad. Representan las palabras secretas del primer grado del Rito de Adopción de Cagliostro.
79. Fr ∴ :Frater, Hermano.
80. F ∴ M ∴ : Francmasón, o Masón Libre, costumbre antigua.
81. F ∴ II ∴ : Federico II, de Prusia. Símbolo de muchos grados, sobre todo en el 21° del Rito Escocés Antiguo y Aceptado.
82. F ∴ de P ∴ : Iniciales con que se expresa la formula sagrada de una de las frases secretas del grado 33° del Rito Escocés Antiguo y Aceptado.
83. F ∴ E ∴ C ∴ V ∴ V ∴ : Iniciales de los cinco puntos de la estrella que sirve de joya al Presidente de los Rosa Cruces y que significa: Fe – Esperanza – Caridad – Verdad – Virtud.

G

G

84. G :. : Grandioso. Eminente. Tambien es el símbolo utilizado entre la escuadra y el compás y significa Gnosis.
85. G :. A :. D :. U :. : Gran Arquitecto Del Universo.
86. G :. A :. : En todos los escritos de la Orden: Gran Arquitecto.
87. G :. A :. S :. G :. : Gran Alto Sacerdote General.
88. G :. C :. : Gran Capítulo o Gran Concilio, y en la masonería Bíblica inglesa: Gran Capellán.
89. G :. C :. G :. : Gran Concilio General.
90. G :. C :. D :. R :. O :. : Gran Capítulo Del la Real Orden.
91. G :. Com :. : Gran Comandancia; Gran Comandante.
92. G :. E :. P :. y S :. M :. : Gran Elegido, Perfecto y Sublime Masón.
93. G :. L :. : Gran Logia.
94. Gr :. L :. : Gran Logia.
95. Gr :. Log :. : Gran Logia.
96. Gr :. O :. : Gran Oriente.
97. G :. O :. : Gran Oriente
98. Gr :.: Abreviatura de Gran y de grado. En el primer caso se emplea con G mayúscula y en el segundo con g minúscula.
99. Gr :. Cons :. : Gran Consejo.
100.   Gr :. M :. : Gran Maestro.

H

H

101. H ∴ : Hermano.
102. H ∴ A ∴ : Hiram Abif.
103. H ∴ R ∴ D ∴ M ∴ : Heredom.
104. Hno ∴ : Hermano.
105. Hna ∴ : Hermana.
106. H ∴ J ∴ S ∴ J ∴ K ∴ S ∴ : Iniciales misteriosas grabadas alrededor de la medalla de oro de los Hermanos Past-Master o Maestros Pasados.
107. H ∴T ∴ S ∴ T ∴ K ∴ S ∴ : Iniciales de las palabras: Hiram – Tiro – Salud – Thot – King – Salomon, que se encuentran en el distintivo que usan los Maestros Aprobados grado 1° de la Masonería del Arco Real o Rito de York.

I

108.	I :. : En el mandil de los Intendentes de los Edificios grado 8° del Rito Escocés Antiguo y Aceptado la I indica Iah o Jah (Dios).

109.	I :. H :. S :. : Izrach – as – Hiram – Stolkin, que juntas constituyen la llamada Gran Palabra del grado 7° de uno de los Ritos del Escocismo.

110.	II :. : Ilustre.

111.	I :. N :. O :. N :. X :. I :. L :. A :. S :. : Con estas nueve letras se designan las nueve tiendas que se emplazan en los ángulos del hexágono del Gran Campamento de los Sublimes Príncipes del Real Secreto, grado 32° del Rito Escocés Antiguo y Aceptado.

112.	I :. N :. R :. I :. : Igne Natura Renovatur Integra. Iniciales misteriosas que encierran el secreto de la palabra sagrada de los Caballeros Rosa Cruces. Esta palabra no se pronuncia: se inquiere por medio de un interrogatorio especial en cuyas contestaciones el verdadero Rosa Cruz sabe encontrar dos veces la palabra sagrada solicitada. Estas cuatro letras en lengua hebraica, son las iniciales del nombre de los cuatro elementos primitivos conocidos en la antigua física: Iaminim = Agua. Nour = Fuego. Rauch = Aire. Iabschah = Tierra. "Por medio del Fuego, se renueva perfectamente la Naturaleza"; y en la oración: Igne Nitrum Roris Ivenitur. Para los modernos Rosa Cruces Filosóficos son iniciales de las palabras India – Naturaleza – Regeneración – Ignorancia.

113.	I :. O :. L :. V :. I :. : In Ore Leonis Verbum Inveni. Iniciales de la llave que constituye la joya del grado 13° del Rito Escocés.

114.	I :. V :. I :. O :. L :. : Idem de I :. O :. L :. V :. I :. : iniciales que se bordan en la bandera o collar que sirve de distintivo al Gran Tesorero en el grado 13°.

115.	I :. S :. : Imperio Sagrado.

J

116.　J ∴ : Jakim o Jachim. Nombre de una de las columnas y palabra del grado 1°del Rito Escocés Primitivo, actualmente es la palabra sagrada del 2° grado del Rito Escocés Antiguo y Aceptado.

117.　J ∴ B ∴ : En el Rito de los Caballeros Bienhechores de la Ciudad Santa son las iniciales del nombre Jacobus Burgundus, aludiendo a Jacobo Bourguignon Molay.

118.　J ∴ de M ∴ : Jacobo de Molay, en los Ritos y grados Templarios.

119.　J ∴ N ∴ R ∴ J ∴ : Se ven esculpidas en caracteres hebraicos en el centro del triángulo de oro que constituye la joya de los Soberanos Comendadores del Templo de Jerusalén, grado 27° del Rito Escocés Antiguo y Aceptado, y son la palabra sagrada que se pronuncia en la forma conocida únicamente de los iniciados en este sublime grado.

120.　J ∴ E ∴ : Justo y Eminente.

K

K

121. K :. L :. W :. N :. N :. G :. : Kilwinning. Iniciales que aparecen con bastante asiduidad en los documentos masónicos del Rito Escocés Primitivo y en
las Logias de Heredom de Kilwinning.

L

L

122.   L :. : Logia.
123.   Log :. : Logia.
124.   L :. D :. P :. : Se ven esculpidas sobre el puente simbólico de los Caballeros del Oriente o de la Espada, grado 5° del Rito Escocés. Los masones
del Rito Moderno Filosófico la traducen por: Libertad De Pensar, los del Rito
Escocés por: Libertad de Pasar.
125.   L :. E :. T :. : Lux Et Tenebris. Lema de los Caballeros Rosa Cruces.
126.   L :. I :. F :. : Libertad – Igualdad – Fraternidad. Formula con que encabezan sus documentos y escritos los masones de Francia.
127.   L :. S :. : Iniciales de las insignias del grado 22° del Rito Escocés que
representan los nombres de Líbano y Salomon.
128.   L :. S :. A :. A :. C :. D :. X :. Z :. A :. : Líbano – Salomon – Abda (Padre
de Adonhiram) Adonhiram – Ciro – Dario – Xerxes – Zorobabel – Ananias.
En las joyas distintivas de los Caballeros Real Hacha grado 22° del Rito
Escocés Antiguo y Aceptado.

M

M

129. M :. : Masón.
130. Mas :. : Masón.
131. M :. B :. : Palabra sagrada de los maestros masones: Mac – Benac, Macbenach, Machbenak o Mhah Bennah. Significa: "La carne se desprende de los huesos."
132. M :. B :. N :. : Uno de los lemas del grado Rosa Cruz (18°)que significa: "El hijo de la Viuda Ha Muerto."
133. M :. C :. : Maestro de Ceremonias.
134. M :. Cer :. : Maestro de Ceremonias.
135. M :. L :. : Mére Loge (del francés) Madre Logia.
136. M :. M :.: Maestro Masón.
137. M :. M :.: Mois Meconnique (del francés) Mes Masónico. Marzo. Entre los masones franceses marzo es el primer mes masónico, tambièn quiere decir Maestro Masòn.
138. M :. Q :. H :. : Muy Querido Hermano.
139. M :. H :. : Maestro Honorabilisimo.
140. M :. V :. : Muy Venerable.

N

N

141.   N;.: Norte, uno de los puntos cardinales de los Talleres masónicos.

142.   N :.O :. V :. D :. : En esquelas de invitación a las ceremonias: No Olvi-
déis Vuestras Insignias (Dignidades).

143.   N :. S :. C :.J :. M :. B :. O :. : Iniciales de las insignias del grado 22° escocés que representan los nombres de: Noé – Sem – Cam – Jafet – Moisés
– Beseleel – Ooliab.

O

144. O ∴ u Or∴: Oriente.

145. O ∴ A ∴ C ∴ : En la divisa del grado 33° Ordo Ab Chao.

146. O ∴ A ∴ L ∴ : Ora At Labora. Lema de los Príncipes del Real Secreto.

147. OB ∴ : : Obligación.

148. O ∴ R ∴ + ∴ : Orden de la Rosa Cruz. Adhiérese esta a la firma de los que tienen ese grado.

149. Or ∴ : Orden, Oriente u Orador, el sentido se desprende fácilmente de las frases en que vaya empleada.

150. O ∴ S ∴ C ∴ L ∴ N ∴ M ∴ Q ∴ O ∴ S ∴ C ∴ : Abreviatura de la frase con que suelen terminar las comunicaciones masónicas y que quiere decir: Os Saludo Con Los Nombres Masónicos Que Os Son Conocidos.

151. O ∴ S ∴ C ∴ L ∴ S ∴ T ∴ y P ∴ M ∴ Q ∴ O ∴ S ∴ C ∴ : Idem al anterior, frase que dice: Os Saludo Con Los Signos, Toques y Palabras Masónicos Que Os Son Conocidos.

P

P

152. P :. M :. : Past Master, Maestro Aprobado o examinado. Título conferido a un ex V:.M:. en el rito escoses antiguo y aceptado no siendo parte de los 33 gr:. Conferidos por este rito.
153. P :. M :. : Principal Morador.
154. P :. G :. : Primer Guardián.
155. P :. V :. : Primer Vigilante.
156. P :. Diac :. : Primer Diácono.
157. Pod :. : Poderoso.
158. POD :. : Poderoso.
159. P :. S :. D :. G :. S :. : Pricipe Sublime del Gran Secreto.

Q

Q

160.	Q :. : Querido.
161.	Qdo :. : Querido.
162.	Q :. H :. : Querido Hermano
163.	Qdo :. Hno :. : Querido Hermano

R

R

164. R :. A :. : Real Arco.
165. R :. B :. : Aparecen grabadas en las columnas de la Logia del grado 11°
del Rito Escocés y son las palabras del grado.
166. R :. C :. : Rosa Cruz.
167. R :. E :. A :. A :. : Rito Escocés Antiguo y Aceptado.
168. R :. H :. : Respetable Hermano.
169. Resp :. : Respetable.
170. R :. O :. : Real Orden
171. R :. L :. : Respetable Logia.
172. Resp :. Log :. : Respetable Logia.
173. R :. + :. : Rosa Cruz.
174. R :. S :. R :. S :. T :. P :. S :. R :. I :. A :. Y :. E :. S :. : Letras inscriptas alrededor de la medalla de oro circular que es joya de los Caballeros del Arco
Noveno del grado 13° del Rito Escocés Antiguo y Aceptado.

S

S

175.   S ∴ A ∴ L ∴ I ∴ X ∴ N ∴ O ∴ N ∴ I ∴ : Forman las dos primeras palabras sagradas en el campamento alegórico de los Príncipes del Real Secreto, grado 32° del Rito Escocés.

176.   S ∴B ∴ F ∴ P ∴ H ∴ G ∴ D ∴ : Sabiduría – Belleza – Fuerza – Poder – Honor – Gloria – Divinidad. Se encuentran en los ángulos de los triángulos cruzados en forma de estrella que constituye la joya distintiva de los Caballeros del Oriente y de Occidente, grado 17° del Rito Escocés Antiguo y Aceptado y formando leyenda o inscripción en los escritos Rituales de este grado, del que son lema o divisa.

177.   S ∴ C ∴ : Sabiduría y Candor. Lema de las Princesas de la Corona o Soberanas y Sublimes Masónas, grado 10° de la Masonería de Adopción que se ven destacadas en el trazado de este grado y sobre el galón que les sirve de distintivo.

178.   S ∴ Diac ∴ : Segundo Diácono.

179.   S ∴ D ∴ H ∴ : Abreviatura con que se designa el título del grado 62° del Rito de Memphis, Sabio de Heliópolis, e iniciales que se bordan sobre la banda distintiva del mismo: Sabio de Heliópolis.

180.   S ∴E ∴ D ∴ : Salud Eterna En Dios, formula empleada como antefirma del Ritual de los Caballeros de Kilwinning y de Heredom, grado 46° del Rito Misraim.

181.   S ∴ F ∴ B ∴ : Sabiduría – Fuerza – Belleza.

182.   S ∴ F ∴ U ∴ : Sabiduría – Fuerza – Unión. Formula con que encabezan sus documentos y escritos los masones que profesan el Rito Francés. Igualmente en Venezuela se utiliza como Salud, Fuerza, Unión.

183.   S ∴G ∴ : Segundo Guardián.

184.   S ∴G ∴ I ∴ G ∴ : Soberano Gran Inspector General.

185.   S ∴ I ∴ P ∴ G ∴ : Gran Príncipe Sabio de Israelita. Grado 70° de la serie filosófica hermética del Rito Misraim. Se llevan bordadas en las bandas y joyas distintivas.

186.   S ∴ N ∴ S ∴ C ∴ J ∴ M ∴ B ∴ O ∴ : Sidanius – Noé – Sem – Cam – Jafet – Moisés – Beseleel – Ooliab. Distintivo de los Caballeros Real Hacha grado 22° del Rito Escocés.

187.   S ∴ P ∴ S ∴ : Salud – Progreso – Solidaridad. Formula adoptada en España por los masones de la Federación de la Gran Logia Catalana Baleara.

188.   S ∴ S ∴ : Sanctum Sanctorum o Santo de los Santos.

189.   S ∴ S ∴ S ∴ : Salud – Salud – Salud. Triple saludo; adaptación común en las cartas o documentos masónicos franceses.

190.   S ∴ V ∴ : Segundo Vigilante.

T

T

191. T:.A:.F:.: Triple Abrazo Fraterno, este lo ocupan los Masones para despedirse en un documento
192. Ten:.: Tenida (véase TTEN:. (TENIDAS))
193. Tall:.: Taller. Así le llaman lo masones al Templo o en algunos casos a la logia, tambien es el nombre de los grupos AJEF.

U

194.　U∴ F∴ y V∴ : Unión Fuerza y Virtud. Lema usado en ambas cámaras (la Azul y la Roja) de la Logia LAUTARO de la República Argentina.

195.　U∴T∴O∴A∴A∴G∴I∴ : Universi Terrarum Orbis Architectonis Ad Gloriam Ingentis: Frase en Latín que se traduce: "A (PARA) LA GLORIA DEL GRAN ARQUITECTO DEL UNIVERSO".

V

V

196.	V :. : Venerable.
197.	Ven :. : Venerable.
198.	V :. L :. : Vraie Lumiere (francés) Verdadera Luz
199.	Ven :. M :. : Venerable Maestro (francés).
200.	V :. I :. T :. R :. I :. O :. L :. : o V :. I :. T :. R :. I :. O :.L :. O :. : Visita Interiora Terrae, Rectificando Incenies Ocultum Lapidem. Antigua fórmula alquímica y hermética que se encuentra en el cuarto de reflexión y que quiere decir: "Visita el interior de la Tierra y Rectificando encontrarás la piedra oculta".
201.	V :. I :. T :. R :. I :. O :. L :. U :. M :. : Idem al anterior, utilizado por el Rito Escocés Primitivo y las Logias de Heredom de Kilguinning.
202.	V :. M :. : Venerable Maestro.

Z

203.   Zayin: Es la séptima letra del alfabeto hebreo y tiene un valor numérico de 7.
204.   Zadok: Relacionado con Zadok, el primer sumo sacerdote del Templo de Salomón.
205.   Zakala: Significa "parte" o "trozo" en sánscrito.
206.   Zaiva: Relativo a Ziva, que significa "arma" o "felicidad" en sánscrito.
207.   Zabulon: Nombre de uno de los hijos de Jacob y significa "morada de Dios".
208.   Zachai: Uno de los nombres de la Divinidad.
209.   Zagreus: Uno de los nombres del dios Bac
210.   Zenith: "Zenith" (o "Zénit" en español) es una palabra utilizada en la masonería. En términos masónicos, el zénit representa el punto más alto del cielo, directamente sobre el observador. Simbólicamente, puede referirse a un estado de máxima elevación o perfección espiritual.

Bibliografía

Bibliografía

- Textos de la Gran Logia de la Republica de Venezuela 1990- 2010
- Textos de la Gran Logia de la Republica de Colombia - 2008
- Diccionario Enciclopédico de la Masónica - México 1980
- Diccionario Masónico - Anon
- El Secreto Masonico - Robert Ambelaim
- La Fuerza Masónica – Orlando Solano Bárcenas 2008
- La Masonería – Christian Jacq - Marzo 2005